Witzige Naturkerlchen

Im Herbst zeigt sich die Natur von ihrer schönsten Seite: bunte Blätter, leuchtende Kürbisse und viele verschiedene Zapfen, Nüsse und Beeren erfreuen das Auge. Gerne genießt man die letzten schönen Tage im Freien und bringt so manches Fundstück mit nach Hause. Aus diesen Naturschätzen entstehen im Nu kleine Naturkerlchen, die Haus und Garten auch dann noch verschönern, wenn die Natur sich bereits in den Winterschlaf verabschiedet hat. Lassen Sie süße Wichtel an den Fenstern tanzen, knuffige Igel und allerlei Kastanienfiguren die herbstliche Tafel zieren oder lustige Kürbistiere Ihre Gäste Willkommen heißen. Beim Basteln dieser munteren kleinen Gesellen erscheinen selbst graue Regentage nur noch halb so schlimm.

Einen schönen Herbst und viel Spaß mit meinen neuen Bastelideen wünscht Ihnen

Ihre

Pia Pedevilla

Die Motive lassen sich in folgende Schwierigkeitsgrade unterteilen:

● ○ ○ einfach ● ● ○ etwas schwieriger ● ● ● anspruchsvoll

IHRE GRUNDAUSSTATTUNG

Diese Materialien und Werkzeuge werden häufig verwendet. Sie sollten sie zur Hand haben, denn sie werden in den einzelnen Materiallisten nicht gesondert aufgeführt.

- Transparentpapier
- dünne Pappe
- wasserfeste dünne Filzstifte in Rot und Schwarz (für Augen, Münder und Nasen)
- Lackmalstift in Weiß (für Lichtpunkte)
- Buntstifte in verschiedenen Farben
- Kugelschreiber
- weicher Bleistift, Bleistiftanspitzer, Radiergummi
- UHU Alleskleber kraft, Klebestift, Heißklebepistole
- mittelgroße, spitze Schere; Nagelschere
- Zirkel oder Prickelnadel
- Cutter mit geeigneter Schneideunterlage
- Bohrer mit verschiedenen Bohrspitzen (1,5–2 mm)
- Nadel und Faden
- Schaschlikstäbchen
- Zahnstocher
- verschiedene Pinsel
- Wasserglas, Plastikteller

Hinweise: Mit „Rest" ist immer ein Stück gemeint, das maximal A5 groß ist.

Damit die unterschiedlichen Materialien gut aneinander haften, muss ein starker Klebstoff verwendet werden, am besten Heißkleber. Dieser gehört aber nicht in Kinderhände! Auch mit dem Cutter sollten Kinder nicht allein arbeiten.

Materialkunde

Viele Gegenstände und Motive aus diesem Buch wurden aus Material gefertigt, das aus der Natur kommt: verschiedene Blätter und Zapfen, Äste, Zweige, Beeren und Früchte, Kastanien und Nüsse, Körner, Samen, Mohnkapseln, Zier- und Speisekürbisse, Naturfasern – kurzum alles, was den Herbst so reich und bunt macht.

Die natürlichen Materialien sind teilweise auch im Fachhandel erhältlich. Sie lassen sich hervorragend mit Naturpapieren, Tonkarton, Wellpappe, bunten Bastfäden, Federn, Holzperlen etc. kombinieren.

Hinweis: Da Fundstücke aus der Natur nie ganz gleich aussehen, können Ihre gebastelten Figuren etwas anders ausfallen. Die Motivhöhen können variieren und somit stimmen auch die Angaben auf den Vorlagenbogen nicht genau überein. Passen Sie die Vorlage mit einem Fotokopierer entsprechend an!

Schritt für Schritt erklärt

1 Das Transparentpapier auf das gewünschte Motiv auf dem Vorlagenbogen legen und alle Motivteile ohne Überschneidungen übertragen. Die Vorlagen auf dünnen Karton legen und exakt ausschneiden.

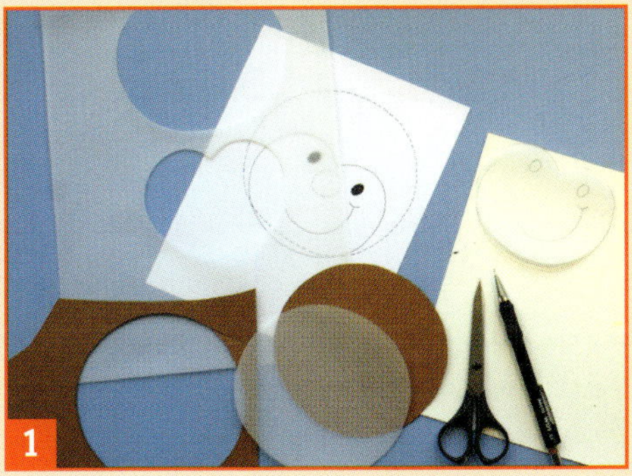

Die Schablonen auf Filz oder Fotokarton in der gewünschten Farbe auflegen, mit Bleistift oder Kugelschreiber umfahren und die Teile ausschneiden.

2 Die Gesichtslinien übertragen. Dafür die Vorlage auf Transparentpapier zeichnen, das Blatt wenden, die Linien mit einem weichen Bleistift nachziehen und diese Seite auflegen. Mit einem Stift alle Linien noch einmal nachzeichnen, so wird die Bleistiftlinie übertragen.

Die Gesichtslinien mit Filzstift aufmalen. In die schwarzen Augen und die roten Nasenpunkte kann mit weißem Lackmalstift ein Lichtpunkt gesetzt werden. Die Wangen mit rotem Buntstiftabrieb färben. Dazu mit einem Bleistiftanspitzer oder der Schere etwas Farbe vom Stift schaben und mit dem Zeigefinger auf dem Gesicht verreiben.

3 Mithilfe des Vorlagenbogens die Einzelteile positionieren, zusammenkleben und zusätzlich dekorieren.

Tipp: Gemusterte Papiere kann man ganz einfach selber machen. Vor dem Ausschneiden mit Filzstift oder Buntstift das Muster aufmalen.

Wichtelmädchen

→ süßer Fensterschmuck

MOTIVHÖHE
ca. 39 cm

MATERIAL

- Maulbeerbaumpapier in Weiß, Rot und Grün, A4
- Fotokartonreste in Hautfarbe, Grün, Beige und Braun
- Moonrockpapierest in Gelb
- Papierdrahtkordel in Natur, ø 1 mm, 18 x 15 cm (Zöpfe) und 3 x 3 cm lang
- Karoband in Weiß-Rot, 5 mm breit, 2 x 8 cm lang
- Holzblume in Natur, ø 3 cm
- 2 Holzknöpfe in Natur, ø 1,5 cm
- 2 Robinienblätter
- Acrylfarbe in Weiß und Gelb

VORLAGENBOGEN 1A

1 Alle Einzelteile aus den verschiedenen Papieren ausschneiden. Die Gesichter wie auf Seite 3 beschrieben gestalten, das Kleid und die Hände des Mädchens sowie den Körper des Pilzes an den Rändern mit Buntstift schattieren.

2 Mit weißer Acrylfarbe die Punkte auf den Filzhut aufmalen. Die Holzblume ebenfalls in Weiß bemalen, nach dem Trocknen einen gelben Punkt in die Mitte setzen.

3 Aus der Papierdrahtkordel die zwei Zöpfe gestalten. Dazu jeweils drei Stränge aus je drei Kordelstücken zu einem Zopf flechten. An den Enden das Karoband festknoten.

4 Mithilfe des Vorlagenbogens nun die Teile zusammenkleben. Dazu den Pilzhut mit dem Cutter oder der Schere einschneiden, das gelbe Innenteil aufkleben und das Gesicht mit den Zöpfen und den Ponyfransen einkleben.

5 Die ganze Figur an dem Grasstück befestigen. Die zwei Blätter aufkleben und darauf das Holzblümchen befestigen. Zum Schluss die beiden Knöpfe über Kreuz mit hellem Garn befädeln und aufkleben.

Lustiger Bauernhof

→ aus Erdnüssen

MOTIVHÖHE
ca. 4 cm

MATERIAL
- Erdnüsse, ca. 3–4 cm hoch
- Acrylfarbe in Weiß, Gelb, Hellgrau, Hellrosa, Schwarz, Rot und Braun
- Tonpapierreste in Rot, Gelb, Weiß, Orange, Hellrosa, Hellbraun, Hautfarbe und Hellgrau
- 4 Holzscheiben, 0,5 cm stark, ø 3 cm
- Isländisches Moos
- 2 Gewürznelken
- Papierdrahtkordel in Weiß, ø 2 mm, 4 cm lang
- Holzperle in Schwarz, ø 6 mm
- Vogelbeere
- Federn in 1 x Gelb und 2 x Weiß
- kleines Vogelei, ca. 3 cm hoch
- etwas Stroh
- Märchenwollrest in Weiß

VORLAGENBOGEN 1B

1 Zunächst bei allen Erdnüssen das untere Ende mit einer kleinen Nagelschere abschneiden, sodass die Figuren Stand bekommen.

2 Die Erdnüsse wie abgebildet mit Acrylfarbe bemalen. Beim Schaf den Körper weiß und den Kopf in Hautfarbe bemalen, Hase und Hund bleiben natur. Beim Hund die Flecken und das Halsband, bei der Kuh die schwarzen Flecken mit Acrylfarbe ergänzen. Das Muster der Katze mit schwarzem Filzstift aufmalen.

3 Nun die Gesichter der Tiere mit schwarzem Filzstift und Acrylfarbe aufmalen. Die Bäckchen mit Buntstiftabrieb ergänzen und mit einem Schaschlikstäbchen evtl. weiße Lichtpunkte setzen.

4 Aus Tonpapier Ohren, Schnäbel, Hennenkamm, Schnauzen und Schwänze ausschneiden. Die Schwänze auf einen Bleistift rollen, damit sie sich kringeln. Die Ohren mit abgeschabtem Buntstift schattieren. Bei den Hundeohren die braunen Flecken ergänzen, beim Schwein mit rotem Buntstift die Ohrenlinien und die Nasenlöcher aufmalen. Die Schnauze der Kuh mit Filzstift gestalten, die Gewürznelken als Hörner grau bemalen.

5 Die Tiere wie abgebildet zusammenfügen. Alle Papierteile mit Kraftkleber fixieren. Bei der Henne und dem Küken die Federn in die vorgebohrten Löcher einkleben. Als Kuhschwanz die Papierdrahtkordel samt Holzkugel, als Hörner die grau bemalten Gewürznelken mit Heißkleber befestigen. Den Schafskörper und -kopf mit weißer Wolle bekleben.

6 Katze, Hund, Kuh und Maus mit Heißkleber auf einer Holzscheibe befestigen. Hase, Schwein und Schaf auf etwas Isländisches Moos, die Henne auf Strohteile kleben. Bei der Maus die Vogelbeere ergänzen. Das Küken mit etwas Isländischem Moos im Vogelei fixieren.

Kastanienjunge mit Igeln

→ herbstliche Tischdeko

MOTIVHÖHE
Kastanienjunge ca. 14 cm
Igel ca. 8 cm

MATERIAL KASTANIENJUNGE
- Rohholzkugel, ø 3 cm
- 2 gebohrte Rohholzkugeln, ø 1,2 cm
- Fruchthülle einer Kastanie
- große Rosskastanie, ø ca. 4,5 cm
- Kordel in Natur, ø 3 mm, 2 x 5 cm (Arme) und 2 x 6 cm lang (Beine)
- Rohholzhalbkugel, ø 6 mm
- 2 Holzfüße, 2,5 cm breit, 3 cm lang
- Papierdrahtkordel in Natur, ø 1 mm, 2 x 10 cm lang
- Zahnstocher
- Filzrest in Hellgrün
- Bohrer, ø 2 mm
- Acrylfarbe in Rot und Schwarz

JE IGEL
- Tonkartonrest in Hautfarbe
- Flügelnüsse (Früchte der Esche)
- Vogelbeere
- evtl. Schaschlikstäbchen

VORLAGENBOGEN 2A

Kastanienjunge

1 In die Rosskastanie vier Löcher für Arme und Beine bohren und die vier Kordelstücke in die Löcher kleben. An den Enden die Holzschuhe und die Holzkugeln einkleben.

2 Auf den Schuhen jeweils eine Schleife aus Papierdrahtkordel mit Heißkleber fixieren.

3 Auf die große Holzkugel das Gesicht aufmalen. Die Augen mit einem Schaschlikstäbchen mit schwarzer Acrylfarbe auftupfen, den Mund mit rotem Buntstift aufmalen. Die Wangen wie in der allgemeinen Anleitung (Seite 3) beschrieben arbeiten. Die Rohholzhalbkugel rot bemalen, mit einem weißen Lackmalstift einen Lichtpunkt aufsetzen und die fertige Nase aufkleben.

4 Auf die Kugel eine passende Kastanienhülle kleben. Den Kopf mit Heißkleber auf dem Kastanienkörper fixieren und rundherum einen Schal aus Filz knoten. Die Schalenden mit der Schere zu Fransen einschneiden.

5 In die Unterseite der Kastanie ein weiteres Loch bohren und den Zahnstocher einkleben.

Igel

1 Zunächst den Körper aus Fotokarton ausschneiden und mit Heißkleber schuppenartig mit Flügelnüssen bekleben.

2 Das Gesicht zuschneiden, bemalen und als Nase eine Vogelbeere aufkleben. Das Gesicht auf den Körper kleben. Bei der Verwendung als Einsteckfigur von hinten ein Schaschlikstäbchen fixieren.

Tipp: Der Igel eignet sich auch gut als Serviettendekoration, wie auf der Abbildung auf Seite 1 gezeigt wird.

Indianerpärchen

→ Flirt an der Fensterscheibe

MOTIVHÖHE
ca. 35 cm

MATERIAL
- fester Karton, A3
- Fotokartonreste in Schwarz und Weiß
- Packpapier in Hellbraun, A3
- Wellpappereste in Natur, Gelb und Rot
- Wollreste in Schwarz, Rot, Gelb und Grün
- Kordel in Natur, ø 1 mm, 2 x 20 cm lang
- 4 Vogelbeeren
- 6 Farnblätter
- 14 Robinienblätter
- 7 längliche Blätter vom Immergrün
- 2 Holzscheiben, 7 mm stark, ø 2 cm
- Bohrer, ø 2 mm
- Stopfnadel

VORLAGEN-BOGEN 1A

1 Die Gesichtsformen und die Herzen gemäß Vorlage aus dem festen Karton zuschneiden und diese mit Packpapier bekleben. Trocknen lassen und die Ränder sauber abschneiden. Die Kopfoberseiten mit schwarzem Fotokarton bekleben.

2 Die Augen ausschneiden und aufkleben. Wimpern, Nase und Pupille mit schwarzem Filzstift aufmalen. In die Pupillen mit weißem Lackmalstift jeweils einen Lichtpunkt setzen. Den Mund mit rotem Buntstift zeichnen. Die Wangen und das Naseninnere wie in der allgemeinen Anleitung auf Seite 3 beschrieben gestalten.

3 Beim Jungen einige schwarze Wollfäden als Haare auf die Stirn und seitlich hinter die Ohren kleben. Für die Frisur des Mädchens aus jeweils 18 Wollfäden zwei dicke Zöpfe flechten, unten mit roter Wolle abbinden und seitlich am Kopf fixieren.

4 Ein rotes und ein gelbes Wellpapperechteck für die Stirnbänder zurechtschneiden. Das Muster mit der Zirkelspitze vorstechen, dann mit bunten Wollfäden aufsticken. Die fertigen Stirnbänder samt der Blätter auf den Indianerköpfen fixieren.

5 Für die Schultern naturfarbene Rechtecke aus Wellpappe zuschneiden, dabei auf den Rillenverlauf achten. Eine Borte aus gelber bzw. roter Wellpappe ausschneiden und auf der naturfarbenen Wellpappe fixieren. Die fertigen Schultern auf dem Hals befestigen.

6 Mit der Zirkelspitze jeweils ein Loch in die Herzen stechen, den Naturfaden durchziehen, die Vogelbeeren und die gebohrten Holzscheiben auf den doppelt gelegten Faden auffädeln und diesen durch den unteren Rand der Wellpappe führen. Auf der Rückseite verknoten.

7 Zum Schluss die Robinienblätter aufkleben.

1 Die Nüsse mit Hilfe eines Messers oder einer Schere öffnen, sauber in zwei Hälften teilen und den Inhalt vollständig entfernen.

2 Die Entenkörper aus grünem, die Schnäbel aus gelbem Fotokarton ausschneiden. Den Schnabel hinter den Körper kleben. Die Papierformen leicht mit Buntstiften schattieren, Augen und Wangen aufmalen. Den Entenkörper mit dem Schlitz auf die halbe Nuss stecken und fixieren. Am hinteren Ende eine Feder befestigen.

3 Für die Schildkröte die gelben Fotokartonteile nach der Vorlage ausschneiden, das Gesicht bemalen und die beiden Wackelaugen aufkleben. Die Einzelteile wie abgebildet an der halben Nuss fixieren.

4 Die Teile für die Schnecke aus beigefarbenem Fotokarton ausschneiden und das Gesicht bemalen. Die Wackelaugen aufkleben und die Gewürznelken als Fühler anbringen. Die beiden Körperteile am Schneckenhaus fixieren.

5 Für den Baum mehrere Blätter aus Tonpapier ausschneiden, diese in der Mitte falten und an einem Zweiglein fixieren.

6 Die Tiere und die Grasblüten auf dem Moos arrangieren.

Herbstfiguren

Anleitung auf Seite 16

Herbstfiguren

→ Wichtel, Fee und Co.

MOTIVHÖHE
ca. 20 cm

MATERIAL PRO FIGUR
- gebohrte Rohholzkugel, ø 3 cm
- Rohholzhalbkugel, ø 6 mm
- 2 gebohrte Rohholzkugeln, ø 1 cm
- Papierdrahtkordel in Orange oder Gelb, ø 2 mm, 2 x 5 cm und 2 x 8 cm lang
- Faden in Natur, ø 1 mm, 30 cm lang
- 2 Hagebutten oder 2 kleine Mohnkapseln
- dünne Häkelnadel
- Prickelnadel

WICHTEL LINKS
- 2 gebohrte Holzscheiben, 8 mm stark, ø ca. 2,5 cm
- Mohnkapsel, ø ca. 5 cm
- Holzperle in Orange, ø 8 mm
- Bastfadenreste in Gelb
- Filzrest in Hellgrün
- 2 Mondviolenblätter

PRINZESSIN UND FEE
- gebohrte Holzkugel oder Wattekugel, ø 2 cm
- Transparentpapierrest
- kleine Margerite in Rosa oder Gelb
- Märchenwollrest in Ocker oder Grün
- 7 längliche Blätter, 10 cm lang (Prinzessin), oder 8 Robinienblätter, 7 cm lang (Fee)
- Nigella tropicalis (Krone der Prinzessin)
- 2 Mondviolenblätter (nur Fee)
- Filzrest in Hellrot (nur Fee)

WALDBUB
- kleiner Zapfen, ø ca. 3 cm
- Mohnkapsel, ø ca. 5 cm
- getrocknete Orangenscheibe, ø 5 cm
- Isländisches Moos in Hellgrün
- Kastanienhülle

VORLAGENBOGEN 1B

Alle Figuren

Die kleine Halbkugel als Nase auf die große Rohholzkugel kleben. Die Augen und Münder mit Filzstift aufmalen. Die Wangen wie in der allgemeinen Anleitung (Seite 3) beschrieben röten. Für die Arme die gebohrten Holzkugeln an die Papierdrahtkordelstücke kleben. An die Beinstücke je eine Hagebutte oder eine Mohnkapsel als Füße anbringen.

Wichtel links

1 Mit dem Bohrer oder einer Prickelnadel unten in die Kapsel zwei Löcher bohren und die Beine hineinkleben. Einen Doppelfaden verknoten und durch die zwei Holzscheiben, die Perle und den Kopf ziehen. Unter der oberen Holzscheibe die Arme fixieren.

2 Die Bastfäden auf dem Kopf fixieren. Den Hut aus Filz zuschneiden, zusammenfügen und auf den Kopf kleben. Den Faden mit einer Häkelnadel durch die Mütze ziehen. Den Oberkörper auf den Rumpf kleben und die Flügel von hinten fixieren.

Prinzessin und Fee

1 Die beiden Beine in das Loch der Watte- oder Holzkugel kleben. Den Transparentpapierrock zusammenfügen und auf die Kugel kleben. Darüber rundherum die Blätter mit Heißkleber fixieren. Einen Doppelfaden verknoten und durch die Margerite und den Kopf ziehen.

2 Das Armstück und den Kopf samt Margerite auf dem Körper fixieren. Die Haare befestigen und die Krone (ggf. aus Papier) bzw. die Mütze aufkleben. Den Aufhängefaden mit der Häkelnadel durch die Mütze ziehen.

Waldbub

Die Beine wie beim Wichtel fixieren. Die Orangenscheibe auf die Kapsel kleben. Einen Aufhängefaden verknoten und durch den durchbohrten Zapfen sowie den bemalten Kopf ziehen. Als Haare Isländisches Moos aufkleben, darüber die Kastanienhülle befestigen. Die Arme an den Zapfen kleben. Ober- und Unterkörper zusammenfügen.

Große Schmetterlingskarte

1 Den Fotokarton so falten, dass eine quadratische Karte entsteht. Das Maulbeerbaumpapier auf die Vorderseite kleben. Das längliches Blatt als Körper aufkleben, daneben die zwei in Form geschnittenen Efeublätter positionieren. Darüber die vier kleineren Blätter und ein paar der Blütenstände fixieren.

2 Das Gesicht wie in der allgemeinen Anleitung (Seite 3) beschrieben bemalen und den Kopf aufkleben. Die Blütenstände seitlich als Haare fixieren, den Hut samt Hagebutte darüber befestigen. Die getrocknete Erbse als Nase, die Margerite als Kragen aufkleben.

GROSSE SCHMETTERLINGSKARTE

- Fotokarton in Weiß, 23,5 cm x 47 cm
- Maulbeerbaumpapier in Weiß, 23,5 cm x 47 cm
- Fotokartonrest in Hautfarbe
- verschiedene getrocknete Blätter:
- 2 Efeublätter
- 2 Robinienblätter
- 3 rot gefärbte Blätter
- gelb gefärbtes Kastanienblatt
- 3 getrocknete Blütenstände von Feldgräsern
- Margerite in Rosa
- Hagebuttenfrucht
- getrocknete Erbse in Orange

VORLAGENBOGEN 2A

Kürbisfiguren

→ kunterbunte Herbstdeko

MOTIVHÖHE
ca. 15 cm bis 27 cm

MATERIAL KÜRBISFIGUREN
- verschiedene Kürbisformen
- verschiedene Blätter, z. B. Ahornblatt, Ficusblätter, Robinienblätter
- Ähren, getrocknete Blütenstände von Feldgräsern
- Isländisches Moos
- Holzscheibe, ø 2 cm
- getrocknete Orangenscheibe
- Mandarinenschale
- Lampionfrucht
- Hagebutten
- Acrylfarbe in Weiß, Schwarz, Hellgrün und Rot
- Organzaband in Rot, 2 cm breit, 20 cm lang, und Orange, 5 cm breit, 30 cm lang
- 3 Schaschlikstäbchen
- 3 Zahnstocher

KÜRBISVÖGEL
- verschiedene Kürbisformen
- verschiedene Pflanzen, z. B. Zweige vom Immergrün, Vogelbeeren, Thuja, kleine Ficusblätter, Früchte des Gemeinen Schneeballs
- Acrylfarbe in Weiß, Gelb, Schwarz, Hellgrün, Dunkelgrün, Rot und Orange
- 3 Schaschlikstäbchen

VORLAGENBOGEN 2 B

Kürbisfiguren

1 Die Körper und Köpfe mit jeweils einem Schaschlikstäbchen verbinden. Eventuell die Löcher zuerst vorbohren und die Schaschlikstäbchen dann mit Holzleim oder Heißkleber fixieren. Rund um den Hals Blätter kleben.

2 Die Gesichter gemäß Vorlage mit Acrylfarbe aufmalen. Die Hagebutten mit einem Zahnstocher als Nasen befestigen.

3 Die Ähren als Haare in den Kopf einstecken, zuvor mit einer Prickelnadel Löcher vorstechen. Das Isländische Moos und die verschiedenen Gräser auf den Kopf kleben. Darüber die Schleife aus Organzabändern oder den Hut aus Orangenscheibe und Lampionfrucht befestigen. Eine Figur hat Ohren, diese aus Mandarinenschale oder Papier zuschneiden und mithilfe von Zahnstochern anbringen.

4 Den großen Kürbis mithilfe von Messer und Löffel aushöhlen. Augen, Nase und Mund mit dem Messer einschneiden. In die Augenhöhlen Hagebutten als Augen einkleben. Ins Kürbisinnere einige Teelichter stellen.

Tipp: In einen kleinen ausgehöhlten Kürbis kann man mit Hilfe eines Steckschwamms auch Herbstfrüchte einstecken.

Kürbisvögel

1 Auf den Entenkörper mit einem dicken Pinsel hellgrüne und dunkelgrüne Acrylfarbe auftupfen. Die Schnäbel von Ente und kleinem Vogel mit Acrylfarbe in Rot und Orange ebenso gestalten.

2 Die Körper und Köpfe der Vögel mit je einem Schaschlikstäbchen zusammenstecken und verkleben.

3 In die Hinterteile mit einer Prickelnadel jeweils drei bis vier Löcher einstechen und die verschiedenen Blätter hineinstecken. An den Hinterköpfen ebenfalls Löcher stechen und die Beeren darin fixieren.

4 Die Augen mit einem dünnen Pinsel malen. Zuerst den großen weißen Kreis auftragen, dann den gelben und zuletzt den schwarzen. Zum Schluss mit einem Lackmalstift einen Lichtpunkt in die schwarze Pupille setzen.

Vogelscheuche

→ bunter Blumenstecker

MOTIVHÖHE
ca. 52 cm

MATERIAL
- runde Rindenscheibe, ø 13,5 cm, 2 cm dick
- ovale Rindenscheibe, 2 cm stark, 30 cm lang
- ovale Rindenscheibe, 1 cm stark, 9 cm lang
- Sackstoff, 40 cm x 22 cm
- Stoffrest in Grün-Weiß gestreift
- Holzstab, ø 1 cm, 1 m lang
- 2 Schaschlikstäbchen
- 4 Rohholzhalbkugeln, ø 1,5 cm
- Acrylfarbe in Weiß
- Holzstück (Nase), 4 mm stark, ø 1 cm
- Bast in Natur und Orange
- Formfilzreste oder Modellierfilz in Hellgrün, Gelb, Orange, Dunkelgrün und Blau
- Wollrest in Rot
- 5 Perlhuhnfedern
- Knopf in Rot, ø 3 cm
- einige Ähren

VORLAGENBOGEN 2A

1 Kopf und Körper umgekehrt auf einen Tisch legen, den Holzstab positionieren und mit Heißkleber fixieren. Für bessere Stabilität den Stab zusätzlich mit Holzleim fixieren und über Nacht trocknen lassen.

2 Für die Arme ca. 14 cm lange Baststücke in Natur bündeln und mit einem Bindfaden am Schaschlikstäbchen fixieren. Die fertigen Arme auf den Körper kleben.

3 Die vier Rohholzhalbkugeln mit weißer Acrylfarbe bemalen, nach dem Trocknen die Pupillen mit schwarzem Filzstift aufsetzen. Als Augen von Vogel und Vogelscheuche aufkleben. Die Wangen wie in der allgemeinen Anleitung (Seite 3) beschrieben arbeiten, den Mund mit schwarzem Buntstift aufmalen. Die Nase aufkleben.

4 Für die Haare ca. 28 cm lange Baststücke in Orange in der Mitte mit einem Bastfaden abbinden und fransig schneiden. Mit Heißkleber am Kopf fixieren.

5 Das Sackkleid gemäß Vorlage zuschneiden, hinten einschneiden und auf den Körper kleben. Die Filzflicken und die Tasche zuschneiden und mit Buntstiften verzieren. Die Tasche erhält eine Steppnaht aus roter Wolle. Die Flicken, die Tasche und den Knopf mit vernähtem Garn auf das Kleid kleben.

6 Dem Vogel einen Schnabel aus Formfilz aufkleben und die Federn seitlich und am Kopf fixieren. Den Vogel auf der Schulter der Vogelscheuche befestigen.

MOTIVHÖHE
Hexe ca. 13,5 cm
Fledermaus ca. 5 cm
Spinne ca. 3 cm

MATERIAL HEXE
- Lampionfrucht
- Rohholzkugel, ø 3 cm
- Tonpapierrest in Schwarz
- Bast in Orange
- Satinband in Grün-Weiß gestreift, 5 mm breit, 13 cm lang
- Satinband in Hellgrün, 3 mm breit, 8 cm lang
- Acrylfarbe in Schwarz und Rot
- Zweiglein
- getrocknete Gräser

FLEDERMAUS
- Kastanie
- Tonpapierrest in Schwarz
- Rohholzkugel, ø 2 cm
- Satinband in Rot, 3 mm breit, 8 cm lang
- 2 Gewürznelken
- Faden in Schwarz
- Acrylfarbe in Schwarz und Rot

SPINNE
- Erdnuss
- Papierdrahtkordel in Schwarz, ø 1 mm, 8 x 7 cm lang
- 8 Holzperlen in Schwarz, ø 6 mm
- 2 Wackelaugen, ø 5 mm
- Rohholzhalbkugel, ø 6 mm
- Acrylfarbe in Rot und Schwarz

VORLAGENBOGEN 2A

Happy Halloween

→ lustige Spukgestalten

Hexe

1 Die Hutteile und den Kragen aus Tonpapier zuschneiden. Den Hut zusammenfügen und die Spitze umknicken. Das Satinband um den Hut knoten.

2 Die Augen mit einem Schaschlikstäbchen mit schwarzer Acrylfarbe auftupfen, die Nase und den Mund mit einem feinen Pinsel in Rot aufmalen. Mit weißem Lackmalstift noch einen Lichtpunkt auf die Nase setzen. Als Haare ca. 3 cm lange Baststücke rund um den Kopf ankleben und fransig schneiden. Den Hut auf den Haaren fixieren.

3 Den Kopf auf die Lampionfrucht kleben und den Kragen unterhalb des Kopfes befestigen. Die Hexe auf dem Besen aus Gräsern und einem Zweiglein fixieren.

Fledermaus

1 Die Flügel aus Tonpapier zuschneiden und mit weißem Buntstift die Linien aufmalen. Den Kopf gestalten: Die Haube mit schwarzer Acrylfarbe aufmalen, die Augen mit einem Schaschlikstäbchen auftupfen. Die Nase mit roter Acrylfarbe aufmalen, den Mund mit rotem Buntstift. Die Gewürznelken als Fühler ankleben.

2 Den fertigen Kopf auf die Kastanie kleben. Die Flügel von hinten fixieren. Das Satinband rund um den Hals legen und verknoten. An der Kopfoberseite einen schwarzen Faden zur Aufhängung ankleben.

Spinne

Die Erdnuss schwarz bemalen. Mit der Zirkelspitze acht Löcher bohren und die Beine aus Papierdrahtkordel einkleben. An den Enden die Holzperlen befestigen. Die Rohholzhalbkugel rot bemalen und mit den Wackelaugen als Gesicht aufkleben.

Eichhörnchen

→ niedlicher Herbstbote

MOTIVHÖHE
ca. 36 cm

MATERIAL
- Fotokarton in Hellbraun, Gelb und Weiß, A4
- Formfilz- oder Modellierfilzreste in Gelb und Grün
- Bananenpapierrest in Beige
- Moonrockpapierrest in Schwarz
- Papierdrahtkordel in Natur, ø 1 mm, 6 x 3 cm lang
- Blumendraht, ø 0,5 mm, 1 x 2 m und 3 x 30 cm lang
- 3 Holzscheiben, 7 mm stark, ø 2,5 cm
- 8 Vogelbeeren
- 5 Eicheln mit Hütchen
- 5 Eichenblätter in verschiedenen Größen
- 5 Holzperlen in Gelb, ø 6 mm

VORLAGENBOGEN 1A

1 Alle Teile gemäß Vorlagenbogen ausschneiden. Die Teile für das Eichhörnchen mit braunem, die Eichel mit orangefarbenem Buntstift schattieren. Die orangefarbenen Punkte bzw. die gelbgrünen Streifen ebenfalls mit Buntstift auf die Filzteile aufmalen.

2 Das Gesicht des Eichhörnchens mit schwarzem Filzstift aufmalen, die Wangen wie in der allgemeinen Anleitung (Seite 3) beschrieben gestalten. Die Nase aus schwarzem Moonrockpapier aufkleben. Je drei Stücke Papierdrahtkordel hinter den Ohrspitzen ankleben.

3 Das Eichhörnchen mit Hilfe der Vorlage zusammenfügen.

4 Das gelbe Schild am Rand mit kleinen roten Quadraten bemalen. Das weiße Schild beschriften und darüber kleben. Am unteren Rand mit der Zirkelspitze drei Löcher, am oberen Rand zwei Löcher einstechen. Hier jeweils einen Draht einfädeln und befestigen. Die Drahtstücke über ein Schaschlikstäbchen drehen, dazwischen wie in der Abbildung kleine Holzperlen, Vogelbeeren, Eicheln etc. einfädeln. Am Ende der unteren Drähte jeweils ein bis zwei Eichenblätter ankleben.

5 Das Eichhörnchen auf das Schild kleben.

WELCOME

Freche Mäuse

→ sichern Wintervorräte

MOTIVHÖHE
Maus mit Schaukel ca. 27 cm

MATERIAL
- Fotokarton in Grau, A3
- Fotokartonrest in Weiß
- Moonrockpapierreste in Gelb, Grün und Rot
- Kordel in Weiß, ø 1 mm, 2 x 20 cm lang
- Papierdrahtkordel in Natur, ø 1 mm, 2 x 50 cm lang
- Blumendraht in Schwarz, ø 0,5 mm, 6 x 12 cm lang
- Bambus, ø 8 mm, 21 cm lang
- Maiskolben
- 2 Maiskolbenscheiben, ca. 1,5 cm stark
- 8 gebohrte Rohholzkugeln, ø 8 mm
- 10 Hagebutten
- einige Blätter
- kleiner Zapfen
- kleine Schachtelhalme

VORLAGENBOGEN 2B

1 Die Mäuseteile aus grauem Fotokarton, die Hosen und den Flicken aus Moonrockpapier zuschneiden. Die weiße Kordel um die Hosen verknoten. Den gelben Flicken auf die grüne Hose setzen und die schwarzen Nähte mit Filzstift aufmalen.

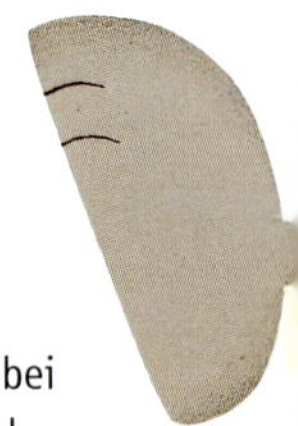

2 Die weißen Augen ausschneiden, aufkleben und die Pupillen sowie die Nase mit schwarzem Filzstift aufmalen. Die Wangen wie in der allgemeinen Anleitung (Seite 3) beschrieben röten. Die Drähte als Schnurrhaare hinter die Nase kleben.

3 Die Maus mit der roten Hose zusammenfügen. Dabei die Hose an den eingezeichneten Stellen mit der Zirkelspitze einritzen und knicken. Die nun sitzende Maus mit Heißkleber auf dem Maiskolben fixieren.

4 An den beiden Enden des Bambus die Papierdrahtkordelstücke fixieren und mit Hilfe einer dicken Nadel die Hagebutten, Schachtelhalmstücke, Maiskolbenscheiben, Blätter und Rohholzkugeln auffädeln. Den zusammengesetzten Mäusekörper von hinten an den Bambus kleben, den Kopf und die Hände von vorne.

Igel im Apfelhaus

→ schaut aus dem Fenster

MOTIVHÖHE
ca. 28 cm

MATERIAL
- Fotokartonreste in Hellbraun und Hautfarbe
- Formfilz oder Modellierfilz in Rot, Orange und Hellgrün, A4
- Karoband in Weiß-Rot, 1 cm breit, 12 cm lang
- Flügelnüsse (Früchte der Esche)
- Hagebutte
- kleiner Zweig
- kleiner Zapfen
- 2 Zieräpfel
- einige Blätter
- Haselkätzchen

VORLAGENBOGEN 1B

1 Den Apfel, die Blätter und das orangefarbene Quadrat mithilfe des Vorlagenbogens aus Formfilz bzw. Modellierfilz ausschneiden. Die Blätter mit Buntstiften schattieren. Den Apfel samt dem Stängel aus Fotokarton zusammensetzen.

2 Die Igelteile aus hellbraunem bzw. hautfarbenem Fotokarton ausschneiden. Den hellbraunen Kreis mit Flügelnüssen bekleben. Dazu von außen nach innen kreisförmig vorgehen und immer drei bis vier Stücke auf einmal mit Heißkleber fixieren.

3 Das Gesicht bemalen: Die Augen mit schwarzem Filzstift auftragen und darauf mit Lackmalstift einen weißen Lichtpunkt setzen. Den Mund mit rotem Buntstift malen. Die Wangen wie in der allgemeinen Anleitung (Seite 3) beschrieben gestalten. Als Nase die Hagebutte aufkleben.

4 Das Gesicht auf dem Igelkörper fixieren und diesen dann zusammen mit den Händen auf dem Apfel befestigen. Dem Igel einen Zweig mit angeklebten Blättern und Früchten auf die Hände kleben.

Die Autorin

Pia Pedevilla lebt in Bruneck (Südtirol). Sie studierte Kunst in Gröden und Werbegrafik in Urbino. Seit Jahren ist sie im Bereich der Illustration und des Designs für Kinder tätig, entwirft Holz- und Stoffspielzeug, didaktische Spiele für Kinder im Vorschulalter, Lichtobjekte und Teppiche. Viele Jahre hat sie an der Grundschule mit Kindern gebastelt und gemalt. Heute leitet sie Fortbildungskurse für Lehrer, interessierte Erwachsene und Kinder. Im frechverlag hat sie mehrere Bücher über verschiedene Arbeitstechniken veröffentlicht.

Neue Internetseite:
www.piapedevilla.com

Hier finden Sie alle bisher erschienenen Bücher von Pia Pedevilla und können einen Blick in den Inhalt werfen. Außerdem enthalten: jeden Monat drei Gratis-Basteltipps und das aktuelle Kursangebot der Autorin und Designerin.

DIESES BUCH ENTHÄLT 2 VORLAGENBOGEN

Hilfestellung zu allen Fragen, die Materialien und Bastelbücher betreffen: Frau Erika Noll berät Sie.
Rufen Sie an: 05052/911858*

*normale Telefongebühren.

IMPRESSUM

FOTOS: frechverlag GmbH, 70499 Stuttgart; Pia Pedevilla, Bruneck (Schrittfotos Seite 3); Josef Pernter Photographie, Bruneck (Seite 1, 7, 9, 12–21, 25–27); Fotostudio Ullrich & Co., Renningen (alle übrigen)
DRUCK: frechdruck GmbH, 70499 Stuttgart

Auflage:	5.	4.	3.	2.
Jahr:	2012	2011	2010	2009

[Letzte Zahlen maßgebend]

ISBN 978-3-7724-3687-1
Best.-Nr. 3687